Beneficios administrativos en la población carcelaria y penitenciaria.

Discrecionalidad del Director en el marco del Estado Social de Derecho en Colombia.

Jonhky Gregorio Martínez Aguilera

I0476764

Jonhky Gregorio Martínez Aguilera
Estados Unidos. 2015

1

Autor: Jonhky Gregorio Martínez Aguilera. 2015
Edición y corrección: Dager Aguilar Avilés
Diseño interior y de cubierta: Dager Aguilar Avilés
Proyecto. Editorial Honoris-Europa
Diagramación: Dager Aguilar Avilés

Sobre la presente edición:
© Jonhky Gregorio Martínez Aguilera. 2015
©Editorial Honoris-Europa(proyecto), 2015
Estados Unidos.
Beneficios Administrativos en la Población Carcelaria y Penitenciaria: Discrecionalidad del Director en el Marco del Estado Social de Derecho en Colombia.
ISBN-13: 978-1522879619
ISBN-10: 1522879617

Del Autor

Jonhky Gregorio Martínez Aguilera.

Abogado titulado, Conciliador, cuasi Especialista en Derecho Penal y Criminología por la Universidad Libre Sede Bogotá. Litigante con Experiencia en el Sistema Penal de Tendencia Acusatoria Ley 906 de 2004, Además de la Antigua Legislación ley 600 del 2000, Experto en Temas relacionados con el Derecho Penitenciario y Sector Público en Asuntos Relacionados con Derechos Humanos. Estudios, Diplomado (Tecnar) en Métodos Alternos de Resolución de Conflictos, la Conciliación está de Moda. También es Cuasi Especialista en Derecho Penal y Criminología por la Universidad Libre Sede Bogotá.

Desarrollo temático

El beneficio administrativo hasta 72 horas otorgado por el Juez de Ejecución de Penas y Medidas de Seguridad tiene la finalidad de afianzar la unidad familiar y procurar el reingreso a la vida en libertad de aquellas personas que están purgando una pena. Si estos han estudiado, trabajado, enseñado o realizado alguna otra actividad autorizada por la ley, el (INPEC) tiene como unas de sus funciones verificar, avalar y certificar la realización de las mismas. Teniendo claro lo anterior, hago la salvedad que el tema a tratar se realizará tomando como base material la antigua legislación. En el caso específico, decimos que si el reo cumple con los requisitos del artículo 147 de la ley 65 de 1993 el mismo puede elevar la solicitud ante la oficina Jurídica del INPEC. Una vez recibida dicha solicitud se evalúa y el funcionario competente expide la documentación necesaria para que el interno acuda ante el Juez de Ejecución de Penas y Medidas de Seguridad. Posteriormente dicho Juez de Penas verifica si la petición cumple con los requisitos exigidos por la ley y otorga el beneficio Administrativo hasta 72 horas.

Notificada la oficina jurídica, el interno se ha ganado la oportunidad de afianzar la unidad familiar y su reingreso a la vida en libertad. Tenemos que en Cartagena el Director y el Comité de Derechos Humanos del establecimiento penitenciario y carcelario debe escoger los días 15 y 30 de cada mes para que el interno pueda gozar de dicho beneficio. Aun así se limitan los derechos fundamentales y restringe la unidad familiar (especialmente en aquellas actividades familiares como lo son los cumpleaños de los menores, de los padres o cualquier persona que haga parte de su grupo familiar). En dicho marco pude observar y manifestar lo siguiente:

Basado en las entrevistas practicadas a los internos del establecimiento penitenciario y carcelario de mediana seguridad de Cartagena, varios expresan sentir inconformidad por la medida, ya que muchos de ellos consideran que cuando entró la medida en vigencia se limitó y alejó la integración familiar. Ello se debe a que no podían disfrutar de los beneficios merecidos en los días distintos al 15 y 30 de cada mes, perdiendo los buenos y pocos momentos de felicidad de compartir con sus hijos y contribuir a la formación de los mismos en cuanto a lo deportivo, educativo, desarrollo y formación personal.

Analizado esta situación es claro que la resolución emitida por las directivas del establecimiento vulnera el principio de interés Superior de los Menores, y de su formación como adolecentes y posterior proceso de madurez. ¿Cómo se puede castigar más adelante la rebeldía de ese menor, si desde pequeño le limitan el estar con su grupo familiar; a pesar de que esa persona este purgando una pena? Consideramos que no se puede condenar otra vez al recluso limitándole el goce con sus seres amados si ya este ha ganado y cumplido con los mínimos legales para conjugar el sentido del Beneficio administrativo hasta 72 horas. El artículo 44 de nuestra Constitución política de Colombia consagra lo siguiente:

Son derechos fundamentales de los niños: la vida, la Integridad física, la salud y la seguridad social, la alimentación equilibrada, su nombre y nacionalidad, tener una familia y no ser separados de ella, el cuidado y amor, la

6

educación y la cultura, la recreación y la libre expresión de su opinión. Serán protegidos contra toda forma de abandono, violencia física o moral, secuestro, venta, abuso sexual, explotación laboral o económica y trabajos riesgosos. Gozarán también de los demás derechos consagrados en la Constitución, en las leyes y en los tratados internacionales ratificados por Colombia. La familia, la sociedad y el Estado tienen la obligación de asistir y proteger al niño para garantizar su desarrollo armónico e integral y el ejercicio pleno de sus derechos.

Cualquier persona puede exigir de la autoridad competente su cumplimiento y la sanción de los infractores.

Los derechos de los niños prevalecen sobre los derechos de los demás.

Nuestra Carta política protege a nuestros menores en todo su ser y plenitud para que se desarrollen libremente. Tenemos que la resolución emanada por el Director del establecimiento carcelario de Cartagena vulnera el principio jurídico de *Jerarquía constitucional* al violar directamente la norma que consagra los siguiente:

La Constitución es norma de normas. En todo caso de incompatibilidad entre la Constitución y la ley u otra norma jurídica, se aplicarán las disposiciones constitucionales.

Es deber de los nacionales y de los extranjeros en Colombia acatar la Constitución y las leyes, y respetar y obedecer a las autoridades.

Este principio se encuentra en el artículo cuarto que refrenda el establecimiento de la Constitución como Ley de leyes. Se trata de la supremacía constitucional. Establece ella que es la norma más alta entre todas aquellas que puedan haber en la República, y no tendría por qué ser de otra forma: se trata de la expresión directa del Constituyente, de su voluntad y mal podrían hacer los poderes constituidos y delegados al crear normas que estuvieran por encima; mal harían las autoridades en tomar medidas o realizar actuaciones no acordes con la Carta. Hacerlo sería tanto como subvertir el régimen y entonces desconfigurar completamente el Estado social y democrático de Derecho. En la historia del constitucionalismo se presentó que la ley estuvo por encima de la Constitución en lo que se conoce como "El imperio de la ley", donde gracias a la idea que se tenía del legislador como depositario de la soberanía popular la Constitución misma sólo llegó a tener un criterio, un valor de validez de las demás normas jurídicas, habiendo perdido todo su valor material. La historia misma nos ha hecho entender el error que significa y significó haber depositado la soberanía en los legislativos; sin duda alguna, las Constituciones modernas son más dadas a la representación de la voluntad popular que la de los legisladores, excepto cuando estos actúan en representación democrática del *populus*.

Así pues, las normas que se creen y las actuaciones a realizar se establecen en orden al respeto de la preceptiva constitucional. Realizando un análisis jurídico de nuestra Constitución política, aplicada al caso en concreto, la decisión estaría por encima hasta el momento de los Principios Fundamentales y Derechos Fundamentales antes expuestos. Sobre el interés superior del niño el amplio consenso existente en las legislaciones nacionales e internacionales, en el sentido de rodear a los niños de una serie de garantías y beneficios que los protejan en el proceso de formación y desarrollo de la infancia hacia la adultez, ha generado como principio orientativo para la resolución de los conflictos que involucren a un menor, el concepto del interés superior del menor, que se ha incorporado como eje central del análisis constitucional.[28] Desde ésta perspectiva de análisis, el menor se hace acreedor de un trato preferente que obedece a su caracterización jurídica como sujeto de especial protección; y de la cual se deriva la titularidad de un conjunto de derechos que deben ser contrastados con las circunstancias específicas tanto del menor como de la realidad en la que se halla. Es así que el interés superior del menor posee un contenido de naturaleza real y relacional[29], criterio con el cual se exige una verificación y especial atención a los elementos concretos y particulares que distinguen a los menores, sus familias y en donde se encuentran presentes aspectos emotivos, culturales, creencias y sentimientos de gran calado en la sociedad.

En este sentido la jurisprudencia constitucional ha decantado una serie de parámetros generales que contribuyen a establecer criterios claros para el análisis de situaciones específicas. En efecto se han fijado dos condiciones a verificar, fácticas y jurídicas, que contribuyen a determinar el grado de bienestar del menor. Dentro de las primeras, fácticas, se encuentran "–las circunstancias específicas del caso, visto en su totalidad y no atendiendo a aspectos aislados–," y las (ii) jurídicas prevén "–los parámetros y criterios establecidos por el ordenamiento jurídico para promover el bienestar infantil–."[30].

No podemos negar que dicha restricción ha afectado la convivencia no solo de los reclusos y sus familia, puesto que en la sociedad se han sentido el impacto del resultado de la aplicación de dicha resolución en cuanto a lo económico, cultural, la seguridad y demás elementos que constituyen una vida en armonía. Si miramos los periódicos, noticieros, o cualquier medio de comunicación, la Cárcel de San Sebastián Ternera esta concebida como una de las más peligrosas y donde ocurren cada día mayores suicidios, homicidios, extorsiones desde adentro, entre otras conductas. La respuesta es la restricción del beneficio; además, según la investigación realizada, este fenómeno solo se ha presentado en Cartagena, puesto que mediante derecho de petición presentado ante el establecimiento el Buen Pasto de Bogotá, pude tener acceso a la información de cómo se maneja el Beneficio administrativo hasta 72 horas. Manifiestan de manera verbal funcionarios de la oficina jurídica de dicho establecimiento que, concedido por el juez de penas las 72 horas para que la interna salga del establecimiento sin vigilancia, el día que la interna beneficiada escoja voluntariamente para salir ni la oficina jurídica ni las directivas intervienen u obstaculizan dicha voluntad de estar con su grupo familiar.

Con el estudio realizado a la norma y la comparación con otros establecimientos podemos decir que existe una violación directa al derecho a la igualdad ante la ley. Al respecto realizaremos una breve comparación con nuestra norma actual la cual reza:

ARTÍCULO 13. Todas las personas nacen libres e iguales ante la ley, recibirán la misma protección y trato de las autoridades y gozarán de los mismos derechos, libertades y oportunidades sin ninguna discriminación por razones de sexo, raza, origen nacional o familiar, lengua, religión, opinión política o filosófica.

El Estado promoverá las condiciones para que la igualdad sea real y efectiva y adoptará medidas en favor de grupos discriminados o marginados. El Estado protegerá especialmente a todas aquellas personas que por su condición económica, física o mental, se encuentren en circunstancia de debilidad manifiesta y sancionará los abusos o maltratos que contra ellas se cometan."

La Declaración Universal de Derechos Humanos (1948), estableció: "Artículo 1

"Todos los seres humanos nacen libres e iguales en dignidad y derechos y, dotados como están de razón y conciencia, deben comportarse fraternalmente los unos con los otros."

En el siguiente entendido estaría afectando el Titulo Primero articulado 4ª de la Constitución colombiana puesto que la Resolución emanada por el Comité de Derechos Humanos y el Director el EPMSCC está por encima del artículo 5 que establece que el Estado reconoce, sin discriminación alguna, la primacía de los derechos Inalienables de la Persona y ampara a la Familia como institución básica de la Sociedad. El EPMSCC es una Institución del Estado colombiano y sus actuaciones están ceñidas a nuestra Constitución. Las decisiones del Director y del Comité de Derechos Humanos con relación a los Internos deben respetar además el Título Segundo, Capítulo I, Artículo 11 de la Constitución referido al derecho a la vida, el cual reza, en conexidad con la Sentencia C-133 de 1994, :

El Derecho a la Vida es inviolable. No habrá pena de muerte. (31-) El Estado tiene la obligación de establecer, para la defensa de la vida que se inicia con la concepción, un sistema de protección legal efectivo, y dado el carácter fundamental del derecho a la vida, su instrumentación necesariamente debe incluir la adopción de normas penales, que están libradas al criterio discrecional del legislador, dentro de los límites del ordenamiento constitucional.

El reconocimiento constitucional de la primacía e inviolabilidad de la vida excluye, en principio, cualquier posibilidad permisiva de actos que estén voluntaria y directamente ordenados a provocar la muerte.

Por ejemplo al caso concreto. Puesto que las personas que gozan del beneficio Administrativo hasta 72 horas, y han sido amenazadas se aumenta la posibilidad de Muerte los días 15 y 30 de cada mes que la integridad personal y la de sus allegados corra peligro. A su vez, el Artículo 12 establece que nadie será sometido a desaparición forzada, a torturas ni a tratos o penas crueles, inhumanas o degradantes. Tenemos que la reseña histórica de Colombia consagra mediante Declaración sobre la Protección de Todas las Personas contra la Tortura y Otros Tratos o Penas Crueles, Inhumanos o Degradantes, A.G. res. 3452 (XXX), anexo, 30 U.N. GAOR Supp. (No. 34) p. 91, ONU Doc. A/10034 (1975):

> Artículo 11. A los efectos de la presente Declaración, se entenderá por tortura todo acto por el cual un funcionario público, u otra persona a instigación suya, inflija intencionalmente a una persona penas o sufrimientos graves, ya sean físicos o mentales, con el fin de obtener de ella o de un tercero información o una confesión, de castigarla por un acto que

haya cometido o se sospeche que ha cometido, o de intimidar a esa persona o a otras.

No se considerarán torturas las penas o sufrimientos que sean consecuencia únicamente de la privación legítima de la libertad, o sean inherentes o incidentales a ésta, en la medida en que estén en consonancia con las Reglas Mínimas para el Tratamiento de los Reclusos.

2. La tortura constituye una forma agravada y deliberada de trato o pena cruel, Inhumana o degradante.

Artículo 2.Todo acto de tortura u otro trato o pena cruel, inhumana o degradante constituye una ofensa a la dignidad humana y será condenado como violación de los propósitos de la Carta de las Naciones Unidas y de los derechos humanos y libertades fundamentales proclamados en la Declaración Universal de Derechos Humanos.

Artículo 3. Ningún Estado permitirá o tolerará la tortura u otros tratos o penas crueles, inhumanas o degradantes. No podrán invocarse circunstancias excepcionales tales como estado de guerra o amenaza de guerra, inestabilidad política interna o cualquier otra emergencia pública como justificación de la tortura u otros tratos o penas crueles, inhumanas o degradantes.

Artículo 4 Todo Estado tomará, de conformidad con las disposiciones de la presente Declaración, medidas efectivas para impedir que se practiquen dentro de su jurisdicción torturas u otros tratos o penas crueles, inhumanas o degradantes.

Artículo 5. En el adiestramiento de la policía y otros funcionarios públicos responsables de las personas privadas de su libertad, se asegurará que se tenga plenamente en cuenta la prohibición de la tortura y de otros tratos o penas crueles, inhumanas o degradantes.

Esta prohibición se incluirá así mismo, en su caso, en las normas o instrucciones generales que se publiquen en relación con los deberes y funciones de cualquier encargado de la custodia o trato de dichas personas. Podemos entender que así el interno sabe que al salir los días 15 y 30 de cada mes está prácticamente firmando su sentencia de muerte. Qué pena puede ser más cruel que saber el día de su muerte.

Se define como el Artículo 13:

> Todas las personas nacen libres e iguales ante la ley, puesto que si en los demás establecimientos penitenciarios del país, se goza de dicho beneficio administrativo el día que el Interno o Interna escoja para compartir con su familia y con sus allegados.

Al realizar las investigaciones del caso correspondiente, mediante las entrevistas a los reclusos que gozan del beneficio mencionado, se pudo analizar comparadamente con los mínimos presupuestos de una vida digna al ser humano, como esta se restringe, mediantes decisiones de discrecionalidad del Director y Comité de Derecho Humanos, no teniendo como soporte constitucional el interés de los Niños, Niñas y adolecentes como supremacía ante los interés personales o generales que soportan dicha resolución. Tenemos que Colombia es un Estado Social de Derecho y llegamos a decir que la (37.) discrecionalidad, valga la redundancia, es relativa. Para ello podemos mencionar la discrecionalidad como facultad intrínseca del Director. Por ello, en principio, tal naturaleza impide que el juez de tutela interfiera en la decisión. Sin embargo, la discrecionalidad no se traduce en arbitrariedad, y por tanto, ésta debe ser ejercida dentro de los límites de la razonabilidad y del buen servicio de la administración. En otras palabras, la discrecionalidad es relativa porque, tal y como lo ha sostenido esta Corporación, no hay facultades puramente discrecionales en un Estado de Derecho.

Por ello, la Corte al resolver esta clase de conflictos ha dicho que el juez de tutela no puede interferir en las decisiones a no ser que observe una arbitrariedad o una vulneración de los derechos fundamentales del reo. Así mismo, ha sostenido que cuando no se vislumbra la violación de un derecho fundamental, la acción de nulidad y restablecimiento del derecho es la acción procedente para atacar la actuación, este concepto lo menciona la corte pero relacionado a la(37-.) -Sentencia T-435/09, la cual trata sobre los DERECHOS DEL NIÑO A TENER UNA FAMILIA Y NO SER SEPARADO DE ELLA- y le otorga un carácter fundamental.

Ese es el caso en que el progenitor de la menor fue trasladado a establecimiento carcelario alejado del lugar de domicilio, en dicha sentencia se manejan temas como discrecionalidad del Director en el Estado Social de Derecho y derechos del niño a tener una familia digna y a no ser separada de ella. Esta decisión de la corte y la supremacía de nuestra Constitución, aunque no se hable del beneficio administrativo hasta 72 horas, sugiere tener en cuenta y respetar los derechos fundamentales de los Internos y sus familias, las facultades que maneja el juez ante esta situaciones y las posibles acciones a realizar.

Apreciación Histórica.

Tenemos, según como su título lo defina, algunas sentencias con relación al desarrollo jurisprudencial del tema en cuestión,(tema complejo por cuanto para algunas personas es Derecho y para otros Beneficios Administrativos).

La explicación del procedimiento a seguir en esta clase de situaciones, basado en los conceptos manejados en Sentencia T-1190 de 2003, 2 Sentencia T-1093 de 2005, T-1670 de 2000.

1 Sentencia T-1190 de 2003
La Corte Constitucional ha precisado:
"Según los artículos 9 y 10 de la Ley 65 de 1993 (Código penitenciario y carcelario) la pena tiene como fin principal la resocialización del delincuente, lo cual se logra por medio de la aplicación del tratamiento penitenciario mediante el examen de su personalidad y a través de la disciplina, el trabajo, el estudio, la formación espiritual, la cultura, el deporte y la recreación bajo un espíritu humano y solidario. Así pues, cuando la pena se cumple bajo privación de la libertad en un establecimiento penitenciario, el condenado queda sometido a un tratamiento que pretende prepararlo para su resocialización y su vida en libertad".

Sobre el particular, la Corte Constitucional en sentencia T-1670 de 2000 también consideró lo siguiente: "El tratamiento penitenciario se encuentra regulado en los artículos 142 a 150 de la ley 65 de 1993 y tiene como objetivo fundamental preparar al condenado, mediante su resocialización, a la vida en sociedad. Para el logro de lo anterior, se ha diseñado un complejo sistema técnico de carácter progresivo dividido en varias fases, cada una de las cuales responde al progreso particular que cada interno muestra dentro del proceso de resocialización".

2. Sentencia T-1093 de 2005. El artículo 146 de la Ley 65 de 1993, los consagra en los siguientes términos:

"ARTÍCULO 146. Beneficios Administrativos:
Los permisos hasta de setenta y dos horas, la libertad y franquicia preparatorias, el trabajo extramuros y penitenciaria abierta harán parte del tratamiento penitenciario en sus distintas fases, de acuerdo con la reglamentación respectiva."

DEL TRABAJO DESARROLLADO POR LOS INTERNOS EN LOS CENTROS DE RECLUSIÓN

Al respecto, la Sala reconoce que conforme se plantea por la H. Corte Constitucional en la sentencia T-429 de 2010, el trabajo por regla general es obligatorio para los condenados en aras de cumplir uno de los fines de la pena que es la resocialización. Además, el trabajo es un elemento dignificante que permite al condenado redimir su pena, lo cual se convierte en una retribución que recibe el recluso por las jornadas trabajadas. Por esta razón la Corte Constitucional ha señalado que el trabajo penitenciario como derecho está íntimamente ligado a la libertad, por lo que se constituye en una obligación del Estado proveer los puestos suficientes para que toda la población carcelaria cuente con posibilidades de trabajar. La Sala a efectos de identificar de manera precisa el procedimiento que se debe agotar para solicitar por parte de los reclusos ante las autoridades carcelarias la asignación de un trabajo, se permite transcribir una parte de la Sentencia T-213 de 2011 que ilustra el tema de la siguiente manera:

"La Resolución 8619 de 6 de septiembre de 2007 proferida por el Inpec, establece el procedimiento para que los internos de los Establecimientos Penitenciarios y Carcelarios accedan a las programas de estudio, trabajo o enseñanza con el fin de redimir pena.

El anterior procedimiento consta de 9 etapas:

1) Diligenciamiento del formato OP 50-040-07: es utilizado para solicitar la inclusión en actividades de trabajo, estudio o enseñanza, se debe presentar ante el responsable del Área de Tratamiento y Desarrollo del Establecimiento de Reclusión.

2) Trámite de las solicitudes presentadas: se organizan según fecha de recibido y de acuerdo con los siguientes criterios de inscripción: a) solicitud del interno, b) convocatoria, c) promoción, d) reubicación.

T-1670 de 2000.

Sobre el particular, la Corte Constitucional en sentencia T-1670 de 2000 también consideró lo siguiente: "El tratamiento penitenciario se encuentra regulado en los artículos 142 a 150 de la ley 65 de 1993 y tiene como objetivo fundamental preparar al condenado, mediante su resocialización, a la vida en sociedad. Para el logro de lo anterior, se ha diseñado un complejo sistema técnico de carácter progresivo dividido en varias fases, cada una de las cuales responde al progreso particular que cada interno muestra dentro del proceso de resocialización"

La Investigación al Caso Concreto. Beneficios Administrativos en la Población Carcelaria y Penitenciaria, Discrecionalidad del Director en el Marco del Estado Social de Derecho en Colombia.

A continuación expondré algunos formatos utilizados para entrevistar a los internos del establecimiento penitenciario y carcelario de mediana seguridad San Sebastián de Ternera. En este sentido perseguimos el fin de recopilar información que permita identificar la situación que se está presentando en dicha entidad y así realizar el estudio mezclando nuestra Constitución política, además de comparar la aplicación de esta en otros establecimientos carcelarios de Colombia.

Además de tener la información antes mencionada por el medio descrito, se realizaron Derecho de petición a la cárcel de El Buen Pastor en Bogotá, obteniendo como resolución, información verbal por parte del coordinador jurídico de dicha entidad; el cual manifestó que, una vez concedido el beneficio por el juez de penas las internas escogen el día en que ellas puedan y quieran compartir con sus familiares y allegados. A continuación describiremos cada una de los formatos de entrevistas utilizados en dicha investigación. Los cuales tenían como principio básico identificar cuántos internos estaban pasando por este caso,

- Nombre y apellidos,
- La afectación que esta sufriendo,
- Cuál es delito por el cual lo condenaron,
- Exposición de motivos,
- Edad,
- Cuánto tiempo de reclusión, cual ley le aplicaron si la 600 . 906 , una serie de factores y requisitos fundamentales para el análisis jurídico , es así como por medio del escanear le presento algunas de las entrevistas realizadas y antes nombrada .

Esta fue una la entrevista realizada, a un Interno sobre el cual se reserva el nombre por cuestiones de derecho a su intimidad. Esta persona fue condenada a 106 meses de prisión por el delito de homicidio cumplido. Haciendo uso del derecho de petición presentado al establecimiento El Buen Pastor, obtuve respuesta verbal del coordinador jurídico, el cual manifestó, que una vez concedido el beneficio las interna gozan el día que escojan.

Tenemos aquí otro interno el cual fue condenado por hurto calificado y agravado a una pena 98 meses. cumplido los requisitos. Dicho beneficio, pero el director restriegue para que solo sea efectivo los días 15 y 30 de cada mes. Por otro lado se realizó Derecho de petición al Establecimiento el Buen pastor.

Antecedentes del Permiso de salida hasta 72 horas.

Sentencia T.5777

DERECHO A LA LIBERTAD PERSONAL: Beneficios administrativos. Cuando se autorizan permisos especiales el sindicado o condenado continua formalmente preso. La negativa a concederlos no desconoce el derecho a la libertad del accionante, máxime cuando el interno puede renovar su solicitud en los términos del artículo 147 de la Ley 65 de 1993 o impugnar el acto administrativo.

BENEFICIOS ADMINISTRATIVOS:

1.Exclusiones. Es en la Ley 504 de 1999 donde se define exactamente a quiénes se excluye de los beneficios de establecimiento abierto, el artículo 150 de la Ley 65 de 1993 es inaplicable. El recluso puede reiterar su solicitud si considera que no se haya en alguno de estos supuestos.

2. Formalidades de la respuesta. La Corte previene al Director de la cárcel para que cumpla con la obligación de expedir un acto motivado en el que resuelva la solicitud del permiso, situación que no guarda ninguna relación con el oficio suscrito por una abogada (de la que no se sabe la dependencia) y un Director Regional.

ANEXO 1

Formato para solicitar Beneficio hasta 72 horas ley 65 de 1993.

Ciudad _____ Fecha _____
Señor: DIRECTOR GENERAL DEL INPEC
E. .S D.
Referencia: Solicitud de Permiso Hasta de 72 Horas

_____, identificado(a) como aparece al pie de mi firma, de conformidad con lo establecido en los artículos 146 de la Ley 65 de 1993, respetuosamente me dirijo a su despacho de acuerdo a los siguientes: HECHOS 1. Me encuentro clasificado en la fase de mediana seguridad. 2. He trabajado, estudiado y/o enseñado durante mi reclusión, como lo certifica la dirección del Establecimiento

_____. 3. Producto de la anterior actividad, he cumplido con el descuento de una tercera parte de la pena impuesta. (En caso de tratarse de condenados por jueces especializados: He descontado el 70% de la pena impuesta). 4. He cumplido con buena conducta como lo certifica respectivamente por el Consejo de Disciplina. 5. No tengo orden de captura vigente ni requerimientos de ninguna autoridad judicial. 6. No registro fuga ni tentativa de ella, durante el desarrollo del proceso ni la ejecución de la sentencia condenatoria. PETICION 1. Solicito a su despacho concederme PERMISO DE HASTA 72 HORAS, toda vez que reúno los requisitos establecidos en la ley. NOTIFICACION Patio __ en la reclusión de

_____.

Atentamente, Firma_____

Nombre _____ C.C. No

CONCLUSIONES.

Si bien es cierto que el legislador le entregó unas facultades discrecionales al Director del INPEC, no debemos obviar que Colombia es un Estado Social de Derecho y dicha discrecionalidad es relativa, puesto que toda decisión que tome las directivas del INPEC no debe afectar los derechos fundamentales del Interno como está pasando en la Cárcel de Cartagena al limitar el permiso de hasta 72 horas; ya que al comparar con las cárceles El Buen Pastor, La Picota o la cárcel de Magangue los internos pueden escoger el día de salida respetando así sus Derechos fundamentales y los de su Familia.

Referencias Bibliográficas

2.-http://docencia.udea.edu.co/derecho/constitu
cion/norma_normas.html-- (37-.) -Sentencia T-
435/09

[28] Constitución Política, art. 44; Convención
sobre los Derechos del Niño, art. 3-1; Código del
Menor, arts. 20 y 22. Código del Menor-
Sentencia T900- de 2006--29] Sentencia T-
408/95, M.P. Eduardo Cifuentes Muñoz.
Sentencia en la que la Corte decidió conceder el
amparo solicitado por una abuela materna en
nombre de su nieta, para que se le garantizara a
ésta el derecho a visitar a su madre recluida en
prisión, pese a
-Constitución Política de Colombia. Principios y
Derechos Fundamentales --Ley 65 de 1993
Artículo 127,
Consulta Mediante Derecho de Petición a INPEC
.del País. (Buen Pastor), y otros

la oposición del padre. 30] Sentencia T-510/93,
M.P. Manuel José Cepeda Espinosa. (31)
http://www.corteconstitucional.gov.co/relato
ria/1994/c-133-94.htm . (1) Sentencia T.5777 .
Traspasa los muros

La publicación del presente folleto ha sido financiado por el programa erasmus mundus action 2 de la Unión Europea. Los criterios en él emitido son responsabilidad exclusiva del autor de la obra.